AF326275

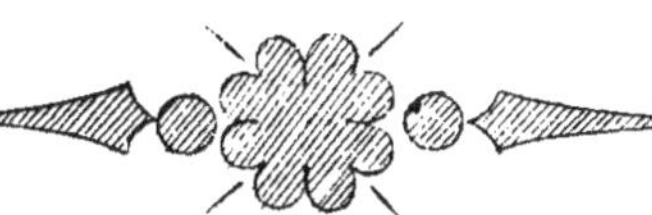

à Mr Eugène Delaporte,

Président de l'Association des Sociétés chorales de Paris.

SOLFÉGE

PRATIQUE,

À L'USAGE

DES

ORPHÉONS

ET DES

SOCIÉTÉS CHORALES

PAR

AUG. CARLEZ,

Professeur au Lycée Impérial et au Conservatoire de Musique de Caen,

Directeur de la Société chorale des Céciliens.

(PARTIE N° 1.)   (Édition Clé de Sol.)

PRIX 1^F NET.

A.V.

PARIS, au Bureau de l'ORPHÉON,

61, rue Notre-Dame de Nazareth.

Imp. Thierry Fr. rue Rochechouart, Paris.

À M: EUGÈNE DELAPORTE.

Monsieur,

Veuillez agréer la dédicace de ce petit Solfège, œuvre bien modeste, je le sais, mais le zèle et le dévouement dont vous avez donné tant de preuves aux Orphéons et Sociétés chorales, me font espérer que vous accueillerez avec bienveillance un ouvrage fait en vue d'être utile à une institution qui vous doit ses progrès si rapides.

Je suis heureux de pouvoir vous rendre aujourd'hui cet hommage public; veuillez l'agréer comme venant d'un de vos amis les plus sincères.

Votre tout dévoué

A. CARLEZ.

AVANT-PROPOS.

L'ouvrage que nous faisons paraître aujourd'hui n'est point une nouvelle méthode de musique vocale, mais simplement une série d'exercices gradués sur la mesure et l'intonation.

Ayant principalement pour but d'être utile aux Orphéons et Sociétés chorales, nous avons pensé pouvoir y arriver en leur faisant économiser les ressources pécuniaires dont elles peuvent disposer et le temps qu'elles peuvent consacrer à l'étude de chaque jour.

A cet effet, nous n'avons placé dans cet ouvrage aucune explication théorique, afin d'en réduire le plus possible le format; nous laissons donc au professeur le soin d'expliquer chacun des principes de la musique, au fur et à mesure que le titre indicatif d'un numero en amènera l'application immédiate.

D'un autre côté, nous croyons avoir obtenu un résultat sérieux en faisant graver ce Solfège en deux éditions différentes, l'une en clef de SOL pour les voix de SOPRANO et de TÉNOR, l'autre en clef de FA pour les voix de BASSE; il en résulte une grande économie de temps pour le professeur qui peut ainsi faire travailler à la fois tous ses élèves chantant à l'unisson ou à l'octave et lisant chacun sur la clef propre à leur genre de voix. Nous avons eu soin, lorsque la partie de Ténor devenait trop élevée, de faire descendre les Basses à l'octave inférieure.

Par cette combinaison, nous espérons être arrivé au but que nous nous proposions; et contribuer pour notre part aux progrès des Orphéons et Sociétés chorales de France.

A. CARLEZ

SOLFÈGE PRATIQUE

Par

AUGUSTE CARLEZ.

MESURE À DEUX TEMPS.

DES NOIRES.

N.º 8.
DES BLANCHES.
N.º 9.
N.º 10.
N.º 11.
N.º 12.

Nº 13.
Nº 14.
Nº 15.

4
N.º 16.
FIN.
DES RONDES.
N.º 17.
N.º 18.
N.º 19.

Nº 20. 
Nº 21. 
Nº 22.

DES SIGNES DE SILENCE
appelés
PAUSE, DEMI-PAUSE ET SOUPIR.

N.º 26.
FIN.
N.º 27.

DU BÉMOL.

Nº 28.

Nº 29.

DU POINT.

DE LA SYNCOPE.

N.º 36.
FIN.
N.º 37.
N.º 38.

N.º 39.
N.º 40.

EXERCICES A 2 VOIX

N.º 43.

N.º 44.

9 782329 285290